LE CORRESPONDANT
25 sept. 1894

UN SALON LITTÉRAIRE A NEW-YORK

MME BOTTA [1]

I

Une amie de la France. — La fondatrice du prix Botta à l'Académie française.

C'était en 1870. La France agonisait, et l'Europe, frappée de stupeur, la regardait mourir.

Rares étaient les témoignages de sympathie qui venaient consoler la grande blessée. Ils n'en furent que plus doux à son cœur lorsque, se relevant de ce lit de torture qui avait failli devenir une couche funèbre, elle pût les recueillir.

Ce fut ainsi qu'elle apprit qu'au delà de l'Atlantique, un souvenir lui avait été donné par la jeune nation pour l'indépendance de laquelle elle avait combattu. C'était à une femme qu'appartenait cette généreuse initiative, à une femme illustre par le nom qu'elle portait, illustre aussi par ses travaux, par son influence intellectuelle et sociale, Mme Botta. Aux auteurs, aux artistes, aux hommes publics qui l'entouraient, elle demanda des autographes, des dessins, des photographies, — et le prix de cette curieuse collection atteignit 20 000 francs, — 20 000 francs destinés au soulagement des femmes, des enfants, des vieillards enfermés dans Paris. Mais lorsque cette somme fut recueillie, la France était déjà debout.

[1] D'après mes souvenirs personnels et les documents qui m'ont été communiqués par la famille de Mme Botta. — J'avais terminé cette étude quand a paru en Amérique l'ouvrage suivant : *Memoirs of Anne C. L. Botta, written by her friends.* (New-York, 1894.) J'ai puisé dans ce livre tout ce qui pouvait compléter mon travail.

Mme Botta eut alors la pensée d'offrir ce don à l'Académie fran-çaise pour la fondation d'un prix. Ainsi que le proclamait en 1875 l'éminent secrétaire perpétuel, M. Patin, *l'Académie lui en témoi-gnait une reconnaissance à laquelle il était bien juste*, disait-il, *que s'associât le pays lui-même.*

Ce n'avait pas été d'abord sans quelque difficulté que la fondation de ce prix avait été acceptée. Selon le vœu de la donatrice, ce prix devait être décerné tous les cinq ans *au meilleur ouvrage sur le thème suivant : la femme, et de quelle manière ses relations domestiques, sociales et politiques pourraient être modifiées dans l'intérêt d'une civilisation plus haute.*

En rappelant à la séance annuelle de 1881 la première destina-tion du prix Botta, le digne successeur de M. Patin, M. Camille Doucet, ajoutait avec une grâce délicate et enjouée :

« Assez irrespectueuse pour notre civilisation moderne, cette formule américaine était de nature à effaroucher quelque peu une compagnie pacifique, amie de tous les progrès, mais ennemie de toutes les révolutions; littéraire avant tout et par-dessus tout; qui ne demanderait qu'à céder toujours à des confrères plus compétents, l'honneur, périlleux pour elle, de traiter les questions politiques et sociales.

« Sans refuser tout à fait son concours et sa peine que, d'habi-tude, elle ne marchande pas à qui les réclame, l'Académie dut, cette fois, montrer quelque hésitation; mais, bientôt, toute sa liberté d'action demeurant réservée, le prix fondé par Mme Botta fut, d'un commun accord, destiné formellement au meilleur ouvrage qui serait présenté sur la condition des femmes. »

Ce prix devait être décerné pour la première fois en 1881.

Parmi les œuvres présentées au concours figurait une série d'études sur la condition des femmes, travail entrepris et en grande partie publié avant la fondation du prix Botta. Mais ces études qui, déjà, avaient obtenu deux couronnes de l'Académie française, s'arrêtaient alors aux temps antiques. La conclusion manquait.

Il sembla pourtant à quelques membres de l'Académie que cette œuvre, tout incomplète qu'elle fût, pouvait recevoir le prix. Toute-fois les jurisconsultes de l'Académie dirent à leurs confrères : « Prenez garde! les idées de l'auteur sont en pleine contradiction avec celles de la fondatrice. Qui nous dit que Mme Botta ne nous intenterait pas un procès pour avoir attribué son prix à une histoire de la femme dans l'antiquité? » Cette pensée prévalut, une part seulement du prix Botta fut attribuée à l'auteur.

L'auteur, — c'était une femme, — aurait dû envoyer à Mme Botta les livres qui avaient reçu la première part du prix que la géné-

reuse Américaine avait fondé. Elle ne l'osa pas. Adresser à cette
redoutable émancipatrice une œuvre qui ne donnait à la femme
d'autre mission que celle du foyer domestique, lui faire savoir ainsi
que l'Académie avait, sur le prix institué par elle, couronné des
idées diamétralement opposées aux siennes, n'eût-ce pas été là
une démarche de nature fort délicate?

Peu de temps après, la Française qui avait reçu cette distinction
académique travaillait, sous la garde d'un père et d'une mère bien-
aimés, à un foyer aujourd'hui désert, quand une visite lui fut
annoncée : le commandeur Botta et Mme Botta. Elle éprouva
quelque émoi, et tout en se dirigeant vers le salon, elle se demandait gaiement si l'on venait lui reprendre son fragment de
couronne.

Et voici qu'à sa grande surprise, elle avait devant elle, non une
femme émancipée, aux allures fièrement masculines, — mais une
délicieuse incarnation de la grâce et de la modestie féminines, et
qui, sous ses cheveux argentés, gardait tout le charme de la candeur; — la candeur, cette fleur que l'on ne voit s'épanouir qu'à
l'ombre du foyer et que conservent dans l'âge le plus avancé celles
dont la vie s'est toujours écoulée au sein de cette atmosphère bénie.
— Mme Botta s'exprimait difficilement en français, et avec la plus
touchante expression de timidité, l'illustre femme se retournait vers
son mari, l'interrogeant du regard pour savoir si elle ne se trom-
pait pas.

Ce n'était pas pour lui « reprendre son prix », c'était, au con-
traire, pour la féliciter avec une tendre sympathie que l'Américaine
venait à la Française. Avec cette largeur de vues qui caractérise
lés natures élevées, Mme Botta n'exprimait qu'un regret : c'est que
la récompense n'eût pas été complète. Ce regret du passé était le
vœu de l'avenir.

Dès le lendemain, Mme Botta envoyait à sa nouvelle amie quelques plantes tropicales, au milieu desquelles surgissait un magni-
fique palmier, « la palme de la victoire, écrivait-elle, bien que je
croie que ce soit aussi l'emblème du martyre. Mais quelle que puisse
être sa signification, elle est toujours verte et elle a une racine,
— et ne puis-je espérer qu'elle sera entre nous, à cet égard,
l'emblème d'une amitié si heureusement commencée [1] ? »

Cette palme ne devait être que l'emblème de l'amitié, elle n'était
pas destinée à devenir l'emblème de la victoire. Nous ne dirons pas
qu'elle devint la palme du martyre : le mot serait un peu gros pour
les déceptions ordinaires de la vie. Mais quand, au second concours

____

[1] Oct. 18th.

du prix Botta, la fondatrice vit échouer l'étude alors complétée et dont elle avait hautement souhaité le succès, cette défaite fut pour elle une douleur. L'une des œuvres rivales reproduisait sa pensée sur la condition des femmes, mais elle disait pendant le concours : « M*** exprime mes idées, Mlle *** les combat, et cependant je fais des vœux pour elle parce que je l'aime. »

« Parce que je l'aime! » Ce serait toujours pour la femme la suprême raison de son vote si jamais elle était appelée à exercer des droits politiques ; et la vaillante émancipatrice des États-Unis donnait ainsi à ses théories le démenti le plus touchant, parce qu'elle était demeurée femme et délicieusement femme.

Son amie de France n'oubliera jamais ce mot adorable, ni l'affection qui l'a inspiré, et en offrant aujourd'hui à sa mémoire un hommage d'admiration, elle remplit le devoir d'une tendre reconnaissance.

II

Anne-Charlotte Lynch. — Sa naissance, ses origines, son éducation, ses premiers travaux. — Miss Lynch au congrès de Washington. — Henry Clay. — Théorie de Miss Lynch sur l'éducation. Rencontre d'idées avec Mgr Dupanloup.

Anne-Charlotte Lynch, qui devait déjà illustrer ce nom avant qu'elle devînt Mme Botta, naquit en 1815 à Bennington, dans l'Etat de Vermont. Elle était de race irlandaise par son père. Celui-ci n'avait que seize ans lorsqu'il se joignit aux vaillants compagnons de Robert Emmet, le patriote-martyr qu'une noble plume a si bien fait connaître à la France [1].

Patrick Lynch fut jeté dans une prison qu'il ne quitta que pour l'exil. Cet exil le conduisit aux Etats-Unis où il épousa la fille du colonel Grey, de Connecticut, l'un des héros de l'Indépendance américaine. De ce mariage naquit la femme célèbre dont nous nous occupons aujourd'hui.

L'origine irlandaise de Mme Botta ne contribua pas peu à imprégner son âme de cette piété tendre qu'inspire le catholicisme et que ne lui fit jamais perdre la forme rigide de l'Eglise puritaine à laquelle elle appartenait par sa mère. Du caractère irlandais aussi elle tint cette gaieté qui demeura l'un de ses grands charmes jusques à ses derniers jours.

La fille du proscrit d'Irlande se souvenait de son origine

[1] Mme la comtesse d'Haussonville, *Robert Emmet.*

lorsque la France de 1870 éveillait son ardente sympathie. Mais, alors aussi la petite-fille du soldat de l'Indépendance américaine se rappelait l'appui donné par notre patrie à la libération des Etats-Unis. Et c'est de sa double origine encore qu'Anne Lynch reçut le culte enthousiaste de la liberté.

Elle tenait aussi de son père, avec la passion des idées généreuses, chevaleresques, le don de la poësie, la vivacité de l'imagination, tandis que le bon sens, l'énergie de sa mère, pondéraient en elle ces brillantes facultés [1].

Elle connut à peine son père, et ce fut l'un des grands regrets de sa vie. A soixante-dix ans, elle écrivait à une amie : « Vous êtes heureuse d'avoir encore votre père avec vous. Moi, hélas! je ne peux même me rappeler le mien, car il mourut quand j'étais encore très jeune, et le besoin de son affection a toujours été pour mon cœur une aspiration qui n'a pas été satisfaite [2]. »

Mais elle eut le bonheur de garder longtemps sa mère et nous verrons quelle place cette mère bien-aimée tint dans sa vie.

A l'âge de seize ans, Anne Lynch fut envoyée à l'académie féminine d'Albany pour y compléter son éducation. Elle y remporta de brillants succès et y demeura quelque temps comme professeur. Chargée ensuite de l'éducation de trois petites filles, elle passa dans l'île de Shelter deux années de solitude qui, tout en la remplissant de mélancolie, la firent se replier sur elle-même et formèrent ainsi, comme elle le reconnaissait plus tard, la base solide de sa vie intellectuelle et morale. Le *Journal d'une recluse* qu'elle écrivit à cette époque, témoigne du travail qui s'accomplissait alors dans son âme et de la précoce maturité de son esprit.

Elle se rendit ensuite à Providence, où fut imprimé son premier ouvrage, *le Livre de Rhode Island*, recueil des meilleures poésies produites par l'État américain qui porte le même nom que la Rose de l'Archipel. En 1849, elle offrait au public un volume de ses propres poésies. Elle résidait alors à New-York et collaborait à plusieurs revues.

Par ses travaux elle ne se bornait pas à satisfaire ses goûts intellectuels; elle soutenait aussi sa mère et y aidait encore par ses leçons. Pour assurer le sort de cette mère, elle alla à Washington présenter au congrès une brochure où, dit une biographie américaine, « elle établissait avec force et persuasion que les braves soldats de la Révolution qui avaient tout donné à leur pays et l'avaient sauvé de l'humiliation, avaient été injustement traités et leurs

[1] Cf. Mrs. Runckle, *A beautiful Life (Memoirs of Anne Botta).*
[2] Febr. 10th, 1885.

familles laissées dans le besoin. Cette brochure fut distribuée dans
le congrès où elle fit une vive impression, et, avec l'éloquente
assistance de Henry Clay, la cause fut gagnée. Ce fut un grand
triomphe pour une femme et qui demandait un courage, une per-
sistance, un tact et un talent bien rares. Elle ne se posait pas en
suppliante, elle ne demandait même pas une faveur. C'était un
droit solennel et réellement conquis [1]. »

Une pension de plusieurs milliers de dollars fut assurée à
Mme Lynch.

Le célèbre orateur qui avait prêté son appui à Miss Lynch,
Henry Clay, demeura son ami. Lorsque, dans son *Manuel de littérature universelle*, elle eut à l'apprécier, il est aisé de voir qu'elle
rendait hommage au généreux cœur de l'homme aussi bien qu'au
grand talent de l'orateur. « Les discours de Henry Clay, dit-elle,
se distinguent par une sincérité et une chaleur qui étaient la caractéristique de celui qui unissait les plus douces qualités à la fierté
de la plus superbe nature d'homme. Son syle oratoire, ample,
coulant et pathétique, était modulé par une voix d'une puissance
et d'une douceur soutenues; et son cœur, d'une chevaleresque
courtoisie, et son éloquence, atteignaient le cœur de toute la
nation [2]. »

Les austères études d'Anne Lynch, les luttes qu'elle eut à soutenir de bonne heure pour la vie de sa mère plus que pour la
sienne, donnèrent à son caractère une maturité précoce. Elle se
sentait vieille à vingt ans, elle qui devait rester jeune à plus de
soixante-quinze! Une lettre, écrite au vingtième anniversaire de sa
naissance et adressée à une amie de pension, nous donne un aperçu
de son état d'âme à cette époque en même temps qu'elle nous
révèle le procédé qui lui permit d'acquérir une instruction aussi
forte que variée.

« C'est mon jour de naissance et j'ai vingt ans. Qui me connaît
dirait plutôt soixante! Je crois que j'ai éprouvé chaque variété de
sentiment dont l'humanité est capable, et cela ne me laisse rien,
pas même un désappointement! Mon esprit, de trop bonne heure
mûri, a touché à cette période la limite qu'il aurait dû seulement
atteindre à la soixantaine; et maintenant, comme une plante qui a
fleuri prématurément, il se fane et se dessèche, tandis qu'autour de
lui tout est verdoyant...

« J'ai lu en connexion avec l'histoire la *Littérature du sud de
l'Europe*, de Sismondi. Laissez-moi vous donner un avis ou deux

[1] The late Mrs Anne Lynch-Botta, *A Society queen.*
[2] *Handbook of universal literature.* Twenty third edition. Boston, 1886;
p. 536.

concernant l'étude. C'est la plus forte preuve de mon amitié, car je vous assure qu'il n'en est pas beaucoup que je juge dignes d'enseignement. J'ai eu quelques pensées d'écrire un livre sur l'éducation, mais je me suis tellement découragée en voyant les gens si ignorants de la différence entre le bien et le mal, que je crois qu'ils *peuvent aller rouler dans le bourbier.* »

N'oublions pas que c'est une jeune fille de vingt ans qui parle. C'est l'âge où l'on se détourne avec le plus de dédain de tout ce qui ne répond pas à l'idéal que l'on se fait de la vie. C'est l'âge de l'intransigeance. L'indulgence vient plus tard. Pour être miséricordieux aux vaincus, il faut avoir lutté soi-même et savoir ce que coûte la victoire. C'est l'expérience qui inspire l'indulgence. Anne Lynch l'éprouva bientôt, et c'est avec la plus tendre charité qu'elle devait se pencher sur ces misères morales que la sévérité de ses vingt ans laissait avec une superbe indifférence « rouler dans le bourbier ». Mais poursuivons.

« Vous direz que vous allez en pension et que vous apprenez bien vos leçons. Je vous en félicite. Vous pouvez faire ainsi jusqu'à ce que vous ayez dix-neuf ans, et alors vous quitterez la pension et vous connaîtrez peut-être parfaitement dix ou douze livres. Mais, chère Anna, cela n'est pas la science. C'est une corvée et vous y allez comme à une tâche fatigante. C'est le simple arrangement d'un petit nombre de faits isolés dont vous ne vous emparez pas et qui sont plus propres à embrouiller qu'à servir. C'est comme un profond enfoncement sans vue sur le paysage. Chaque chose est indistincte et mutilée. Mais allez sur quelque haute tour, et vous saisirez l'ensemble dans toute sa beauté.

« Un mot d'avis et j'ai fini. Lisez un abrégé de l'histoire du monde entier, — je veux dire de chaque contrée commençant par la plus ancienne, — jusqu'à ce que vous ayez la charpente bien marquée dans votre propre esprit. Alors prenez les individualités célèbres, la littérature, les arts, les sciences et les religions dans leur ordre. Par ce moyen vous acquerrez plus en trois mois qu'en dix ans à une école ordinaire. Vous direz peut-être que c'est trop superficiel. En aucune manière vous ne devez vous arrêter à la fin de ces trois mois, ni avoir le désir de le faire. Vous aurez saisi l'ensemble, le minutieux détail ne pourra manquer de vous intéresser [1]. »

Cette lettre, écrite en 1835, n'a été publiée que tout récemment. Il est curieux d'y découvrir en germe l'un des procédés de l'admi-

---

[1] Hartford, Conn., november 11, 1835. — Le *Washington* a publié cette lettre sous ce titre : *M*rs *Botta's theory of study.* Elle a été reproduite avec de légères additions dans le livre : *Memoirs of Anne Botta.*

rable méthode d'enseignement que Mgr Dupanloup allait formuler plusieurs années plus tard : tout voir d'abord des hauteurs, descendre ensuite dans les vallées. Le grand éducateur français et la jeune institutrice américaine se rencontrent aussi dans cette pensée que l'éducation, loin de se terminer avec les années passées à l'école, ne commence sérieusement qu'alors : c'est cette seconde éducation que nous nous donnons à nous-mêmes, et celle-là doit durer toute la vie.

III

LE SALON DE MISS LYNCH

La maison de *Ninth street*. Les réceptions du samedi soir. — Influence d'Anne Lynch, sa puissance d'assimilation et de suggestion ; son charme. — Ses hôtes. Willis, Edgar Poë, Frederika Bremer.

Même aux jours de gêne, Anne-Charlotte Lynch avait le don de grouper autour d'elle les plus hautes personnalités des États-Unis et les littérateurs étrangers qui visitaient New-York. Son salon était célèbre. Il inaugurait en Amérique le salon littéraire. Jusque-là les États-Unis avaient eu les réceptions du monde officiel, les raouts du monde de l'argent [1]. Miss Lynch créa le salon où l'on cause.

Rien de plus modeste cependant que ces réceptions. Une femme de lettres distinguée, Mme Catherine Sedgwick, nous fait pénétrer dans l'humble maison de *Ninth street* le samedi soir.

« Je passai dans le salon de miss Lynch. C'était son jour de réception. Une petite portière de dix à douze ans m'introduisit dans une salle faiblement éclairée et me conduisit à une petite chambre pour y déposer mon chapeau et mon manteau. Il n'y avait ni lumière dans l'escalier, ni serviteur dressé, ni rien du faste habituel aux fêtes de la ville.

« Quand j'entrai, je trouvai deux salons de belle dimension remplis d'hôtes dans un grand état de divertissement social. Il y avait musique, danse, récitation et conversation. Il y avait des artistes de chaque genre, peinture, poésie, sculpture et musique.

« Personne n'avait moins besoin d'égide que mon aimable hôtesse. Elle avait cette sereine délicatesse et cette dignité de manières semblables en quelque sorte à la splendeur d'un ange pour exorciser le mauvais esprit qui se serait aventuré à l'approcher.

« Il y avait là une jeune femme sans *position*, pour employer l'expression du *cant*, sans aucunes relations dans le monde fashion-

---

[1] *Her salon*, by Bloor (*Memoirs of Anne Botta*).

nable, remplissant ses salons chaque semaine avec des esprits choisis qui, sans se préoccuper de frais extraordinaires de toilette, venaient jouir du plus haut plaisir intellectuel pendant deux ou trois heures, et se retiraient d'assez bonne heure pour ne produire aucun tirage dans la santé ou dans les facultés le jour suivant [1]. »

Quel était donc le secret qui donnait à cette jeune fille sans fortune le sceptre d'une « reine de salon? » Pourquoi, dans les réceptions présidentielles et ministérielles, était-elle entourée « comme une souveraine par les hommes d'État [2]? » Par quelle magie attirait-elle et retenait-elle autour d'elle les hommes les plus illustres? L'un d'eux, Willis, l'a dit en termes exquis : elle avait « la douce puissance de vivifier et une inconsciente manière d'ouvrir les sources de tout ce qui était brillant et agréable [3] ». Elle savait faire jaillir de toutes les intelligences ce qu'elles avaient de plus lumineux, et de tous les cœurs ce qu'ils avaient de meilleur. C'était « presque une puissance créatrice de force et de pensée qu'elle insufflait à ses hôtes », devait dire d'elle un jour Mᵐᵉ Leonowens, la célèbre voyageuse [4].

Auprès d'Anne Lynch on était spirituel, mieux encore on était bon. Sous la baguette de l'aimable fée, bien différente de la baguette de Circé, — ses hôtes se transfiguraient et semblaient ne plus vivre que dans les régions les plus élevées de la beauté morale. Son sourire seul leur semblait « un rayon de soleil », ce soleil de l'âme qui éclaire doucement et ne brûle jamais. Il brillait, ce rayon, dans ses yeux comme sur ses lèvres, et concourait puissamment à cette beauté d'expression qui, plus attrayante que la beauté des lignes, attache à la fois le regard et le cœur.

Et ce n'était pas seulement une douce puissance de suggestion que les hôtes de cette femme d'élite devaient toujours reconnaître en elle, c'était aussi la paix qu'ils respiraient dans son atmosphère, la paix de l'âme, la paix dans la bonté, dans la charité, dans l'indulgence. Ils ne se vivifiaient pas seulement auprès d'elle, ils s'y reposaient, suivant le mot d'Emerson. Ces hommes, livrés aux ardentes luttes de la vie et pour la vie, goûtaient dans son élément un entier rafraîchissement d'âme. « Alors, comme plus tard, elle avait l'art de rendre heureux tous ceux qui l'approchaient, a-t-on dit, et la plus heureuse de tous était sa mère [5]. »

---

[1] Kate Sanborn, *l. c.*
[2] Grace Greenwood, *A loving tribute (ibid)*.
[3] Cité par Mᵐᵉ Kate Sanborn, *ibid*.
[4] *A tribute (ibid)*. Mᵐᵉ Leonowens est bien connue des lecteurs du *Correspondant*, par l'excellente étude de Mᵐᵉ Dronsart sur les *Grandes voyageuses*.
[5] *Tribune*, march 29th, 1891.

Nous dirons, plus tard, ce que cette mère fut pour elle.

Les soirées de Mᵐᵉ Botta, dit Mᵐᵉ Sanborn, ces soirées « où *chacun était quelqu'un*, où personne ne s'adjugeait la part du lion, où personne n'était négligé, tandis que chacun, par la grâce et la sympathie de la maîtresse de maison, était induit à faire de son mieux », ces soirées, d'où « chacun se retirait avec effort, se sentant stimulé, rafraîchi et heureux, sont gravées dans beaucoup de cœurs en lettres d'or. Sa puissance d'assimilation, d'attraction, s'élevait jusqu'au génie ».

On ne la quittait que mieux armé pour les luttes du bien. Son action était surtout considérable sur la jeunesse. Avec son intuition merveilleuse, elle excellait à découvrir les talents naissants, à les mettre en lumière, à aplanir pour eux les difficultés du début.

Dans la première période de sa vie, elle reçut, à côté d'un orateur comme Henry Clay, des poètes tels que Willis, qui a si bien décrit son influence; Edgar Poë, qui subissait lui-même près d'elle une impression de paix, mais qui aurait bien dû s'en inspirer pour régler sa vie, rasséréner et éclairer son horizon intellectuel. Du moins, il sut admirer en Miss Lynch une nature « chevaleresque », se sacrifiant généreusement elle-même, égale à la bonne comme à la mauvaise fortune, « capable même du martyre en tout ce qui lui semblait une sainte cause. » — « Elle a un dada, ajoutait-il, et c'est l'idée du devoir [1]. »

Ce fut chez elle qu'il lut, dit-on, avant de le faire paraître, son poème du *Corbeau*, ce poème étrange, lugubre, où l'oiseau de mort qui vient s'abattre dans le logis du poète n'a qu'une réponse aux appels qui évoquent la bien-aimée disparue, aux espérances qui font luire l'image de la réunion : *Nevermore*, jamais plus! Et cette réponse est aussi celle que le sinistre messager laisse à l'homme qui veut l'éloigner : *Nevermore*, jamais plus!

Quelle impression cette poésie désespérée devait produire sur la jeune femme qui, elle, était bien une incarnation de l'éternelle espérance!

Cependant, pour apprécier le poète, elle essaye de se tenir dans les régions d'une esthétique tolérante. Mais elle laisse aisément voir, avec l'admiration que lui inspire le talent de l'écrivain, le malaise que lui cause l'atmosphère morale où vit le poète, le conteur:

« Edgar Poë, dit-elle, acquit beaucoup de réputation comme auteur de contes, et un grand nombre de ses productions montrent une extraordinaire acuité métaphysique et une imagination qui se plaît à habiter les confins ténébreux de l'espèce humaine parmi

---

[1] Mrs Ewer, *Biographical notes* (*Memoirs*).

les demeures du crime et de l'horreur. Une subtile faculté d'analyse, un raffinement de raisonnement dans l'anatomie du mystère, donnent à ses inventions les plus invraisemblables une étonnante réalité.

« En poésie comme en prose, Edgar Poë eut beaucoup de succès dans l'étude métaphysique des passions. Ses poèmes, qui sont composés avec une grande originalité, prouvent une imagination et une sensibilité maladives, une ténébreuse et lugubre imagination [1]. »

Willis, poète et conteur, lui aussi, mais dans une note bien différente de celle que fait résonner comme un glas le chantre du *Corbeau*, Willis rencontrait une entière sympathie dans les sentiments aussi bien que dans le goût littéraire de miss Lynch.

« Les poèmes de Willis, écrit-elle, sont caractérisés par une vive imagination et un brillant esprit, combinés avec la grâce de l'expression et le fini artistique. Ses pittoresques études sur quelques-uns des épisodes racontés dans la Bible sont les meilleures de ses compositions poétiques.

« Les contes et esquisses en prose de Willis se distinguent par un esprit fécond et une imagination plutôt délicate que puissante, tandis que sous les brillantes audaces du style il y a un courant de pensée originale et de sentiment vrai. Ayant à sa disposition toutes les ressources de la passion, tandis qu'il est en même temps maître de tous les effets du genre, cet écrivain n'a pas été surpassé dans la faculté de commenter d'une manière ingénieuse et subtile les événements passés, d'esquisser les lumières et les ombres qui passent sur la surface de la société, de peindre d'une manière enjouée et heureuse les traits individuels et d'investir ses descriptions d'un éclat de vie [2]. »

Morris, Griswold, Horace Greely, Bayard Taylor, Gaylord Clarke, sont nommés aussi parmi les hôtes de la première heure, ainsi que le groupe de ces femmes de lettres dont Anne Lynch, supérieure aux jalousies mesquines, aimait à s'entourer et à proclamer le talent. Son *Manuel* en cite plusieurs qui « possèdent un véritable génie poétique et jouissent d'une haute réputation locale » ou dont les noms sont bien connus et honorés; Elizabeth Ellet, Mary Hewitt, Alice et Phebe Cary, Elisa Leslie, Elizabeth Oakes Smith, dont elle loue un poème « mélodieux et imagé, avec bien des passages d'un sens profond ». Catherine Sedgwick, qui a si bien fait connaître le salon de *Ninth street* et qui, avec des

---

[1] *Handbook*, p. 537, 540
[2] *Ibid.*

souvenirs de voyage, a écrit « les nouvelles les plus agréables et
les plus exactes de la vie dans la Nouvelle-Angleterre » ; enfin,
Fanny Osgood, l'amie dévouée d'Edgar Poë, et chez qui Anne Lynch
relevait la vive et gaie fantaisie d'imagination, la facilité qui en
faisait presque une improvisatrice et, dans ses derniers poèmes,
« une grande intensité de sentiment et la puissance de l'expression [1] », transformation dont il faut peut-être chercher la cause dans
la tragique destinée d'Edgar Poë.

Mais, de toutes les femmes de lettres, nulle ne parlait plus au
cœur de Mme Botta que cette noble fille de la Suède, Frederika
Bremer.

« Une *authoress*, surtout, apparut, dit-elle, qui devait créer une
nouvelle ère dans le roman suédois et mettre en connexion plus
intime le nom littéraire et les intérêts de la Suède avec tout le
monde civilisé. En 1828, Frederika Bremer publia ses premiers
ouvrages bientôt suivis par d'autres. Tous attirèrent immédiatement
l'attention. Plus tard, ils furent connus du public anglais et
américain, à travers les admirables traductions de Mme Howitt, et
maintenant ils sont aussi familiers que *Robinson Crusoé* ou le
Vicaire de Wakefield, partout où la langue anglaise est parlée. Et
partout où ces ouvrages ont été connus, ils ont éveillé un plus
fécond sentiment de la vie, une meilleure vue du monde et de ses
destinées, une plus profonde confiance dans la Providence et une
persuasion que jouir véritablement nous-mêmes de l'existence,
c'est répandre cette jouissance autour de nous sur notre prochain,
spécialement par les témoignages quotidiens de bonne volonté,
d'affection, de gaieté, de gracieuse attention aux sentiments des
autres, toutes ces choses qui, dans le code social et domestique,
sont si petites dans leurs apparences, mais immenses dans leurs
résultats. Comme précepteur de cette calme, souriante, mais profondément pénétrante philosophie de la vie, aucun écrivain ne
s'est élevé plus haut que Frederika Bremer, cependant elle n'avait
jamais fait profession d'enseigner : elle ne voulait que charmer [2]. »

Comme Frederika Bremer, Mme Botta savait que le meilleur
moyen d'être heureux, c'est de répandre le bonheur autour de
soi, et nous savons à quel degré elle y réussissait et quelle était
sa « gracieuse attention aux sentiments des autres ». Comme
Frederika Bremer, Mme Botta avait une foi profonde et unissait au
culte du foyer la poursuite de l'émancipation féminine : anomalie
étrange qui se retrouve chez les Anglo-Saxons et les races du nord

_____

[1] *Handbook*, p. 538, 540, 541.
[2] *Ibid.*, p. 402, 403.

de l'Europe. Chez ces deux femmes d'élite aussi, je remarque ce contraste ou plutôt cette alliance, le goût des occupations ménagères et le culte de l'idéal. De toutes les œuvres de Frederika Bremer que j'ai lues, je n'ai trouvé nulle part ces deux traits aussi vivants que dans le *Foyer domestique*. C'est la poésie des choses journalières les plus humbles qu'on y respire, mais il est une page où cette poésie atteint au lyrisme le plus élevé. Je pense à cette mère si tendrement aimée de son enfant, le berçant tous les soirs de sa voix harmonieuse, et son fils lui disant : « Lorsque je serai grand..., j'aurai une maison à moi, tu viendras chez moi, et le soir tu m'endormiras en chantant. » L'enfant qu'elle a voulu « baigner d'harmonie » devient un poète, un compositeur : il est le lauréat de la Suède et il revient auprès de sa mère pour y mourir. « Chante-moi quelque chose, ma mère[1] », lui dit-il, et la mère est là pour endormir son enfant de l'éternel sommeil, et c'est un chant même de ce fils, le chant du cygne, qu'elle interprète à sa prière. Elle monte, elle monte avec lui vers ces régions éternelles que célébrait une poésie qui ne se sentait pas faite pour la terre. Il semble à cette mère qu'avec ce chant elle porte au ciel l'âme de son fils, et elle oublie la terre où il meurt. Et le père, le père qui dormait, réveillé par les notes éclatantes de ce chant, se lève en sursaut. Il entre, il jette un cri... Son fils est mort, et la mère arrachée à son extase par le cri du père, la mère tombe évanouie.

On comprend aisément quelle chaude sympathie devait unir deux grands cœurs de femmes qui se rencontraient dans leurs goûts comme dans leurs aspirations. Sans se connaître personnellement, Frederika Bremer et Anne Lynch avaient depuis longtemps correspondu au travers des lointains océans. Lorsque l'illustre Suédoise vint en Amérique, et, ce dut être en 1850, une amitié profonde scella leur lien intellectuel. A son retour en Suède, Frederika Bremer écrivait à son amie :

« Dans l'autre vie, quand je n'appartiendrai plus à la terre, j'aimerai à y revenir comme un esprit et à apporter aux hommes le plus profond de tout ce que j'ai souffert, goûté, vécu, aimé. Et personne n'aura besoin de me craindre : dussé-je venir à minuit vers une âme qui lutte et s'inquiète, ce serait seulement pour la rendre plus paisible, pour faire briller sa veilleuse avec plus d'éclat et devenir moi-même son amie et sa sœur. »

Celle à qui étaient adressées ces touchantes paroles, les donnait pour épigraphe à une poésie intitulée : *Frederika Bremer*. Et elle y répondait ainsi :

---

[1] Traduit du suédois par Mlle du Puget.

« Dans l'autre vie, — non, ton souhait se réalise ici-même. A plus d'un esprit qui lutte tu es venue, douce femme, de ta lointaine patrie du Nord, comme une présence bénie venant d'une autre sphère; et l'amour et la foi, ces veilleuses de l'âme, ont, sous ton influence, brillé avec plus d'éclat.

« Une amie et une sœur, tu l'es maintenant pour ceux qui pleurent, accablés sous le lourd fardeau de la vie [1]. »

Frederika Bremer, elle aussi, a chanté son amie en termes délicats et charmants :

« Je désirais voir un oiseau de paradis; un de ces êtres plus que les autres libre, qui plane sur terre avec des couleurs brillantes et gaies, mais jamais ne touche l'argile d'ici-bas; qui, frêle et délicat, n'a cependant besoin d'autre appui que son aile pour se reposer ou pour s'élever.

« Mon vœu a été entendu. J'ai vu un être brillant et gai qui était sur la terre comme si la terre n'était pas son séjour; qui, dans la foule de ce monde, seul regardait tout avec des yeux où luisait la mélancolie, mais aussi la sérénité; un être jeune d'années, mais étonnamment sage : c'est Anne Lynch, mon oiseau de paradis [2]. »

IV

Le mariage d'Anne Lynch. — Le commandeur Botta. — Union intellectuelle des époux. — La maison de *West thirty seventh street*. — Les amis de Mme Botta. — William Bryant. — Emerson. — Longfellow. — Lowell. — Etrangers célèbres : Mac Carthy, Laboulaye, Henri Martin, Bartholdi, Carlyle. — Femmes célèbres : Mme Beecher Stowe. — Sentiment de Mme Botta sur l'esclavage, — sur la question sociale, — sur l'émancipation politique des femmes.

Un heureux et brillant mariage étendit encore la sphère où se déployait l'action littéraire et sociale d'Anne Lynch. En 1855, elle épousait M. Botta, ancien professeur de philosophie dans les collèges royaux de l'université de Turin, ancien membre du parlement cisalpin en 1849. Chargé de rapports officiels sur l'instruction publique, en Allemagne d'abord, puis aux Etats-Unis, ce fut pendant cette dernière mission qu'il épousa miss Lynch. Nommé professeur de littérature italienne à l'université de New-York, il s'appliqua à mieux faire connaître l'Italie à l'Amérique, l'Amérique à l'Italie, par des articles de revues publiés dans chacun de ces deux pays. Une série d'études, consacrées à la guerre de sécession,

---

[1] *Frederika Bremer* (*Poems by Anne C. Botta*. New-York, 1881).
[2] *To Anne Charlotte Lynch*. (Sur un exemplaire du livre des *Voisins*.)

fut signalée au gouvernement de Washington par le ministre des Etats-Unis à Turin. M. Botta publia aussi des œuvres littéraires, philosophiques et historiques, telles qu'une *Introduction à l'histoire de Dante*, *une Esquisse de la philosophie italienne depuis la Renaissance jusqu'à nos jours*, enfin un *Essai sur la vie, la politique, le caractère du comte de Cavour*.

M. Botta comptait parmi les parlementaires cisalpins qui contribuèrent le plus à l'unité italienne. Catholique, nous ne pouvons que constater le fait en regrettant de nous séparer ici de cet éminent esprit. Dans son pays d'adoption, il entretint une correspondance suivie avec ses amis politiques, Cavour, Ricasoli, Rattazzi, Minghetti, Sella, Depretis. En 1872, Victor-Emmanuel lui conféra la croix de commandeur de la couronne royale d'Italie, en reconnaissance des services qu'il avait rendus à la cause de l'unité italienne. En 1878, le roi Humbert fit frapper en son honneur une médaille d'or portant l'inscription suivante : « A Vincenzo Botta qui, dans les joies aussi bien que dans les douleurs de l'Italie, a été le sage interprète du sentiment de son pays ; au grand peuple ami des Etats-Unis. — Humbert. »

En 1878, le commandeur Botta avait été nommé membre de l'Académie royale des Lincei, l'Institut de l'Italie.

Mme Botta trouvait dans ce mariage, non seulement l'amour, mais l'union intellectuelle. « Pendant trente-six ans, m'écrit une parente de cette noble femme, M. et Mme Botta jouirent d'une vie conjugale idéalement heureuse. Absolument doués des mêmes aspirations, ils étaient unis dans un culte sincère de tout ce qui est vrai, bon et beau [1]. »

Mme Botta était reconnaissante à son mari de lui avoir révélé « le charme merveilleux de cette forme de l'amour, la plus haute et la plus pure de toutes, — la création d'un Italien, l'immortel Dante [2] ».

Le mariage d'Anne Lynch transférait le modeste salon de *Ninth street* dans la belle demeure de *West thirty seventh street*. Les tableaux de maîtres qui décoraient les murs; les mosaïques, les bronzes, les statuettes, les glaces de Venise, posés sur les riches cabinets qui renfermaient les trésors de la pensée humaine, donnaient à la reine de la maison un cadre digne d'elle.

Aux hôtes de la première période se joignaient ou succédaient dans ce salon d'autres personnalités éminentes. Poètes célèbres, hommes d'Etat, diplomates, y affluaient de toutes parts. C'est

[1] Lettre de Mme Lynch. August 26th, 92.
[2] Mme Leonowens, *A tribute.*

William Bryant, en qui Mme Botta reconnaît « le meilleur représentant de la poésie américaine ». Elle relève en lui ces deux amours, bien naturels chez le citoyen des Etats-Unis, chez l'habitant du nouveau monde aux vastes espaces : l'amour de la liberté, l'amour de la nature : « C'est éminemment un poète contemplatif, dit-elle ; dans ses écrits, il y a une remarquable absence de ces élans de tendresse et de passion qui constituent l'essence d'une grande partie de la poésie moderne. Sa force réside dans son talent descriptif, dans sa philosophie sereine et élevée, dans sa noble simplicité de langage[1]. »

Voici encore dans ce salon Ralph Waldo Emerson qui, « possède à un remarquable degré, dit-elle, les facultés d'un poète avec la puissance spéculative d'un métaphysicien. Il est piquant, subtil et analytique dans la pensée, humain dans le sentiment, et il a une certaine combinaison de traits qui l'a placé à la tête d'une école ». Voici encore Georges Curtis, qui allie « à de belles facultés d'observation et de satire la délicatesse du goût et le raffinement du sentiment » ; John Whittier, dont la poésie « est caractérisée par la hardiesse, l'énergie et la simplicité, souvent unies à la tendresse et à la grâce[2] ».

Mais de tous les poètes qu'elle recevait, nuls ne durent mieux parler à son cœur que Longfellow et Lowell, ces deux chantres du sentiment moral, l'un qui, dans le *Psaume de la vie*, sonne la charge du devoir, ou qui, dans l'*Excelsior*, nous mène de hauteur en hauteur au sommet où l'âme seule peut monter; — l'autre qui, en sa *Vision de sir Launfall*, nous montre le vrai Saint-Graal, non dans cette coupe qui a servi à la sainte Cène, et que cherchent au loin les chevaliers du moyen âge, mais dans la gourde que la charité remplit pour soulager la pauvreté. Je ne me rappelle pas sans émotion que ce fut pour m'offrir la *Vision de sir Launfall* que Mme Botta m'écrivit pour la dernière fois, comme si son dernier souvenir devait s'unir en moi à la pensée d'ardente charité que traduit ce livre, et que la donatrice sut si bien faire passer dans sa vie.

Pour le commandeur Botta et sa femme, Longfellow était un vieil ami. Ils allaient le visiter dans cette résidence historique, où la gloire littéraire succédait à la double gloire militaire et civique, et où Washington avait précédé Longfellow.

« Les poèmes de Longfellow, dit Mme Botta, sont surtout méditatifs et souvent comprennent et démontrent de fortes vérités. Ils

---

[1] *Handbook*, p 539.
[2] *Ibid.*, 540, 542.

donnent peu de preuves d'une puissance de passion souveraine, mais ils sont pénétrés d'une chaleur et d'une beauté de sentiment exprimées dans une forme achevée et artistique qui, à la fois, séduit l'oreille et frappe la mémoire et le cœur [1]. »

Ce dernier trait exprime merveilleusement l'impression produite par la poésie de Longfellow. Mme Botta saisit de même la caractéristique de Lowell :

« Lowell unit dans ses poèmes les plus accomplis une philosophique simplicité à une transcendante suggestivité. L'imagination et la philanthropie sont les éléments dominants de ses écrits qui se distinguent par une effusion pleine de grâce et une chaleureuse expression [2]. »

Nommons encore parmi les hôtes de Mme Botta ces hommes d'État, ces diplomates : John Bigelow, Whitelaw Reid qui, tous, deux, furent ministres des États-Unis en France; Anthew White, ministre à Berlin, plus tard à Pétersbourg.

« Toutes les personnalités éminentes dans les lettres, les arts et les sciences formaient l'atmosphère dans laquelle elle vivait », m'écrit sa distinguée parente. Nul étranger connu dans le monde intellectuel ne passait à New-York sans être reçu dans son salon. La fille du réfugié irlandais devait accueillir avec une particulière sympathie Mac-Carthy, « le grand leader irlandais, historien et nouvelliste [3] ». L'amie de la France avait de cordiales relations avec M. Laboulaye, le généreux philosophe qui a étudié la condition de la femme; — M. Henri Martin, l'historien qui, malgré ses préjugés contre l'Église, garde dans son œuvre les traditions du spiritualisme; — enfin et surtout M. Bartholdi, l'artiste qui a dignement traduit les sympathies de la vieille France pour la jeune Amérique, en donnant de colossales proportions à la statue de la *Liberté éclairant le monde*.

En Angleterre, Mme Botta comptait parmi ses amis Anthony Froude, Matthieu Arnold, le vénéré et savant Royer Stanley, uni à la femme supérieure qui fut l'amie de la reine, lady Augusta Bruce; le chanoine Kingsley, « le chef de l'école chrétienne socialiste, dit-elle en louant l'éloquence de sa parole, la sincérité et l'esprit pratique de son christianisme; enfin, Thomas Carlyle, dont elle place le *Frédéric le Grand* parmi les œuvres maîtresses de ces derniers temps.

« Chez Carlyle, dit-elle, un sentiment généreux alterne avec une

---

[1] *Handbook*, p. 539.
[2] Mme Lynch. August 26th, 92.
[3] *Ibid.*

tristesse désespérée et une inquiétude, une versatilité passionnée. Mais il est impossible d'entendre, sans un profond sentiment de la puissance originale, les voix d'oracles qui sortent du sanctuaire, énigmatiques comme les anciennes réponses, et comme elles, illuminant des éclairs d'une imagination désordonnée et semi-poétique, une douteuse prophétie. Son langage et ses pensées aussi sont hors des règles traditionnelles et sont composés d'éléments anglais, allemands, et d'éléments prédominants sur tous et auxquels aucun nom ne convient hors celui de l'auteur [1]. »

Les femmes vouées aux lettres et aux arts occupent une place d'honneur dans le salon de Mᵐᵉ Botta, comme autrefois dans celui de miss Lynch. Avec la même générosité que dans sa jeunesse, elle aimait, — chose rare, — à faire valoir ses rivales. Chez elles aussi elle savait faire surgir le talent naissant. « N'eût-elle rien fait de plus que de découvrir Edith Thomas, a dit un critique américain, elle eût mérité les remerciements de tous les amis de la vraie poésie... Aujourd'hui Edith Thomas est reconnue pour la première des femmes poètes vivantes, et il n'y a que peu d'hommes qui lui soient supérieurs [2]. »

Parmi les compagnes littéraires de Mᵐᵉ Botta, nous trouvons Marguerite Fuller-Orsoli, « critique de grande originalité et de grande vigueur, de mûre culture intellectuelle », dit-elle en relevant aussi chez cette femme remarquable « la hardiesse du langage; — Grace Greenwood, dont elle signale l'*Ariane* comme « un beau jet de fierté et d'indignation féminines »; — Fanny Kemble, célèbre à la fois comme actrice et comme critique; — la Ristori, l'admirable tragédienne que Mᵐᵉ Botta a chantée dans ses poésies; — miss Murfree, l'*authoress* du Sud, pour qui elle conviait ses amis à une réception qui fut la dernière de toutes, quatre jours avant sa mort; Henriette Beecher Stowe, dont l'œuvre libératrice fut le brandon qui alluma entre le Nord et le Sud la lutte gigantesque d'où sortit l'émancipation des noirs : « Aucun ouvrage de fiction, à quelque époque qu'il appartienne, dit Mᵐᵉ Botta, n'a atteint une popularité si immédiate et si étendue que *la Case de l'oncle Tom*. Avant la fin de la première année de sa publication, il a été traduit dans toutes les langues de l'Europe; plusieurs millions d'exemplaires en ont été vendus, et il a été mis sur la scène sous vingt formes différentes, et joué dans chaque capitale de l'Europe [3]. »

Remarquons-le : Mᵐᵉ Botta se borne à constater l'immense

---

[1] *Handbook*, p. 523.

[2] Cité par Mrs Ewer (*Memoirs*).

[3] *Handbook*, p. 538, 541, 542.

succès de l'œuvre, elle ne dit rien de l'œuvre elle-même. Cette réserve m'avait frappée. Comment la fille du proscrit d'Irlande, la femme généreuse, chevaleresque, qui souffrait de toutes les oppressions, ne nous disait-elle pas ce qu'elle pensait de l'esclavage, alors que, dans un livre publié en 1860, elle proclamait l'immense succès de *la Case de l'oncle Tom?*

Une lettre qu'elle écrivit le 6 décembre 1858 et qui vient d'être publiée dans le mémorial de sa vie nous donne le mot de l'énigme. Certes, Mme Botta avait horreur de l'esclavage, mais elle reculait devant le prix que devait coûter l'abolition de cette odieuse coutume : ce prix était le sang de ses frères. Une note, qui accompagne la lettre citée, nous dit qu'en faisant son voyage de noces, en 1855, dans l'Amérique du Sud, elle s'était trouvée chez des planteurs de ses amis et avait été témoin de leurs terreurs devant la menace d'une insurrection des esclaves : ce souvenir était resté profondément gravé dans son cœur. Et ce n'était pas seulement la violence des moyens qui effrayait son âme évangélique : son patriotisme s'alarmait aussi à l'idée d'une rupture entre le Nord et le Sud.

« Nous savons tous que l'esclavage est un grand mal et la tache de notre écusson national, écrivait-elle en 1858; et nous avons le droit de parler ainsi, d'exprimer l'horreur qu'il nous inspire. Mais que nous ayons le droit de tuer le possesseur d'esclaves pour libérer l'esclave, ou d'exciter l'esclave à le faire, ou même de glorifier celui qui le fait, je ne le crois pas, bien qu'il le fasse au nom de Dieu. L'esclavage est la malédiction héréditaire du Sud. Le Sud est entré dans l'Union en portant cette marque sur lui et a été accepté avec elle par nos pères, dont nous ne nous lassons jamais de célébrer le patriotisme et la sagesse. Dans là lutte qui a eu pour résultat notre indépendance, le Sud a apporté bravement sa part, et la Virginie nous a donné Washington, par qui nous avons établi notre nationalité...

« Supposons que nous dissolvions l'Union, soit que nous nous en retirions, soit que nous en chassions le Sud. Extirperons-nous par là le mal de l'esclavage? Je ne le vois pas... L'esclavage est le produit de plus de deux siècles. Il ne peut être détruit en un jour, ni en un plus long temps, sans produire un choc moral qui serait peut-être un plus grand mal encore. Je voudrais veiller et prier, et attendre[1]. »

Mais quand le Sud eut déclaré lui-même la guerre au Nord, et que celui-ci se servit de sa victoire pour proclamer légalement l'abolition de l'esclavage, Mme Botta salua cette victoire du droit,

---

[1] To d^r H. W. Bellow. New-York, december 6, 1858.

cette victoire qui avait pour résultat une des plus glorieuses
conquêtes de l'humanité.

Est-il nécessaire de dire qu'elle fit alors dans sa patrie ce qu'elle
voulut faire en France pour les victimes de la guerre? Alors déjà la
vente d'un album préparé par ses soins fut l'instrument de sa
patriotique charité.

Certes les graves questions que soulevait le mouvement anti-
esclavagiste étaient de celles qui avaient dû être discutées aux
réceptions de Mme Botta. Son salon n'était pas seulement littéraire
et artistique. La sympathie de la généreuse femme s'étendait à
toutes les questions d'ordre social, et les *leaders* de la politique,
aussi bien que les promoteurs de réformes humanitaires, d'œuvres
charitables, s'y réunissaient [1]. Les affaires, comme les idées, y
étaient discutées. Ce n'était pas seulement l'idéal qui régnait dans
ce salon, c'était aussi le génie pratique de la race anglo-saxonne
aux Etats-Unis.

Plus d'une fois ce salon entendit discuter la question sociale,
qui apparaissait à Mme Botta terrible, menaçante et imminente.
Un jour, elle signalait à Mme Leonowens l'avènement prochain du
socialisme. Sa foi absolue dans les grandes lois providentielles lui
faisait alors espérer que de ce bouleversement naîtrait dans les
temps futurs une civilisation plus haute : « Je peux, disait-elle,
assister sans être troublée aux changements et aux révolutions.
Croyant, comme je le fais, que le monde est sous le règne de la loi
et non sous celui des hommes, je suis sûre que tout finira bien. Le
socialisme me semble le lent éveil du peuple au « droit de vie, de
liberté, de poursuite du bonheur », tel que le pose notre déclara-
tion d'indépendance. Tout système de gouvernement qui force la
masse du peuple à travailler pour le pain quotidien, privé de con-
fort, d'éducation et aussi de pain, tandis que souvent le petit
nombre vit dans l'aisance et le luxe, en disposant de tous les moyens
de progrès intellectuel et moral, peut être dans son droit ou dans
son tort; mais, quoi qu'il en soit, les masses commencent à s'en
préoccuper. Mais si elles doivent se lever dans leur force et sub-
merger la civilisation actuelle, je ne doute pas que de ces ruines
ne s'élève un état de choses plus haut et plus noble, tel que celui
qui suivit l'invasion de Rome quand les Barbares se ruèrent sur
l'empire et le détruisirent. Je ne prends nulle part à tout cela; je
regarde avec étonnement et épouvante pour voir ce qui m'y apparaît des grandes lois en action. De même dans notre guerre contre
l'esclavage, m'eût-il été permis de détruire cette institution, la

[1] Mrs Julia Campbell Keightly, *Recollections (Memoirs)*.

détestant comme je le faisais, je n'aurais pas osé le faire ; cependant voyez combien merveilleusement cela s'est accompli. »

Mais Dieu n'a promis l'immortalité qu'aux âmes, non aux peuples. Sans doute, il peut faire sortir d'une crise suprême le bonheur des sociétés, mais dans cette crise il peut aussi les anéantir. Aux derniers jours de sa vie, avec cette claire notion des choses que donne souvent l'approche de l'éternité, Mme Botta causait avec un ami, et cette fois sans illusion, de « ce conflit entre le capital et le travail, le riche et le pauvre, l'homme de naissance et l'homme de basse extraction, l'homme instruit et l'ignorant. Elle pensait que ce conflit devait arriver et, en vérité, n'était pas loin. Elle ne s'attendait pas à vivre assez pour voir le choc final. « Mais, disait-elle, quand il arrivera il dépassera en étendue et en âpreté les actes de la Révolution française et de la Commune. » — « Elle pensait évidemment, avec Ouida, que les *masses*, pour nous servir de la terminologie de M. Gladstone, ne pardonneraient jamais aux *classes* d'avoir, par droit de naissance ou par droit de conquête, le pouvoir, les richesses et les plaisirs du monde [1]. »

Mme Botta, nous le savons, travaillait à l'émancipation politique des femmes ; mais nous devons dire que c'était sans illusions quant au présent, même dans le pays qui a le plus favorisé cette émancipation. « Elle pensait que les conditions de la société étaient telles qu'elles rendaient cette réforme inopportune. Le vote politique des femmes, disait-elle, augmenterait la quantité du suffrage, mais je doute qu'il en améliorât la qualité. Les femmes doivent être élevées, et alors le temps viendra où elles pourront réclamer de faire partie du corps politique [2]. »

Nous espérons qu'il n'en sera jamais ainsi, que la femme ne sera jamais élevée que pour mieux remplir à son foyer son unique et véritable place, celle que lui assigne la nature et que lui prescrit sa mission. Nous pouvons le redire ici sans offenser une chère mémoire. La divergence de nos sentiments en cette nature n'a pas empêché nos cœurs de se comprendre et de s'aimer. Mme Botta avait l'exquise tolérance des idées les plus opposées aux siennes, et ce devait être là l'un de ses meilleurs secrets pour grouper autour d'elle, dans son salon, tant de personnalités éminentes... et diverses.

[1] Bloor, *Her salon* (*Memoirs*).
[2] Mrs Ewer, *Biographical notes* (*Memoirs*).

V

Pour connaître les appréciations de Mme Botta sur les brillantes personnalités qui convergeaient vers elle, il m'a fallu recourir à ce *Manuel de littérature universelle* où, avec sa parfaite modestie, elle ne voulait voir qu'une simple condensation de ses lectures et de ses recherches et que, néanmoins, elle a su marquer à l'empreinte de son jugement et de son goût. Mais elle n'y fait apparaître ses contemporains que dans leurs œuvres, et nous aurions voulu qu'elle nous les fît connaître dans leurs personnes. Qui mieux qu'elle eût pu écrire des mémoires sur le monde littéraire de New-York? Mais elle s'y refusa toujours. Son salon était « un champ neutre » où les inimitiés se rencontraient sans se heurter. Les adversaires qui s'y retrouvaient s'unissaient dans un point commun : leur affection pour la bonne et douce maîtresse de la maison. Elle aurait cru manquer aux lois de l'amitié, aux simples égards même de la charité en se faisant l'écho des luttes qui respectaient d'ailleurs le seuil de son salon. Avec son vif esprit, elle aurait pu lancer le trait mordant qui saisit le ridicule, mais sa bienveillance en émoussait la pointe. L'aimable femme sacrifiait à la charité chrétienne les succès de l'épigramme, de la satire, ou même d'une innocente malice qui aurait pu froisser un ami. C'est pourquoi elle n'écrivit pas de mémoires.

Le *Manuel de littérature universelle*, que nous avons souvent cité, est demeuré classique aux États-Unis, dans les collèges et les maisons d'éducation. Vingt-trois éditions en ont été publiées.

Quelle somme immense de lectures et de recherches dénote ce livre qui embrasse toutes les littératures, depuis la Bible et les antiques monuments de l'Inde, de la Chine, de l'Egypte, de la Perse, jusqu'aux productions intellectuelles de notre temps dans les deux mondes! Tout y est exposé avec un ordre, une clarté, une précision admirables. On y sent circuler « une chaleur et un enthousiasme bien rares dans les ouvrages de ce genre », disait le *World*. Au travers des jugements du critique se révèle en Mme Botta l'âme d'un poète.

Poète, elle le fut en effet. Sa poésie est hautement spiritualiste, religieuse, moralisatrice. La nature y apparaît bien en de belles descriptions, mais, comme dans les paysages du Poussin, l'homme y figure toujours au premier plan.

L'*authoress* envie à la nature l'harmonie avec laquelle celle-ci obéit au Créateur. Elle dit aux nuages, aux vents, aux fleuves :

« Faites-moi participer à votre divin secret; enlevez de mon âme le fardeau d'inquiétude; prenez-moi en votre compagnie, enseignez-moi la leçon de vos vies rythmées, pour être unie au grand tout et faire taire cette voix qui demande à jamais : Pourquoi? Et d'où? Et où? cri auquel rien ne répond [1]. »

Mais si la nature se tait, l'âme répond toujours; Mme Botta le sait. Et une autre poésie, *la Création muette* [2], nous montre justement dans ce cri de l'âme qui s'interroge sur ses destinées, une preuve de son immortalité — et de sa grandeur, ajoutera-t-elle dans la dernière de ses inspirations, l'une des plus hautes de sa lyre :

« J'ai vu les étoiles décrire leur courbe dans l'espace éthéré; les étoiles, les soleils, les constellations infinies; notre terre un atome dans cette mer sans bords où chaque astre a son sentier marqué et sa place, et je me perdais dans mon propre néant.

« Mais alors je dis : « Ne sais-tu pas que Celui qui guide ces orbes à travers l'espace où nulle route n'est tracée, est Celui qui te guide toi-même? Ne t'abaisse pas plus longtemps en rampant ainsi, car dans le vaste, harmonieux, parfait tout, dans l'infinie procession qui se meut, tu as ta place, âme humaine immortelle, ta place et ta part non moins que l'étoile et le soleil. Donc range-toi dans la grande procession, âme rythmée conduite par la puissance divine [3]. »

Une inspiration analogue avait dicté à une noble muse de France de beaux vers que Mme Botta ne pouvait connaître et qui ne devaient être publiés qu'après sa mort [4]. En deçà comme au delà de l'Atlantique, c'est la glorification de l'âme humaine, cette glorification à laquelle un grand penseur a donné cette forme immortelle :

« L'homme n'est qu'un roseau, le plus faible de la nature, mais c'est un roseau pensant. Il ne faut pas que l'univers entier s'arme pour l'écraser. Une vapeur, une goutte d'eau suffit pour le tuer. Mais quand l'univers l'écraserait, l'homme serait encore plus noble

---

[1] *Unrest.*

[2] *The dumb Creation.*

[3] *Ab astris.*

[4] Comtesse Jeanne de Chambrun. *Ses poésies.* Paris, 1892. *A l'observatoire de Nice.*

que ce qui le tue, parce qu'il sait qu'il meurt; et l'avantage que
l'univers a sur lui, l'univers n'en sait rien [1]. »

Tout dans la nature rappelle à Mᵐᵉ Botta la vie humaine. Elle
dit à la mer frémissante :

« Tu es le type de l'âme, elle lutte comme toi, elle se débat
contre les rives de l'inconnu, elle combat avec une force invincible
contre le doute, le mystère, et aspire toujours vers un but lointain
qui brille et toujours recule, comme une étoile qui s'éloigne [2]. »

La lutte, c'est l'essence même de la vie. A la vue de l'enfant,
étranger aux choses de la terre, le poète lui souhaiterait volontiers
de toujours demeurer dans cette ignorance.

« Mais ceux qui sont appelés au festin de la vie, doivent boire
la coupe, doivent soutenir la lutte; donc il vaut mieux te souhaiter
la force pour le combat et la victoire [3]. »

Cette lutte, Mᵐᵉ Botta la décrit dans une belle poésie : la *Bataille
de la vie*. Terrible est l'aspect d'un champ de bataille, nous dit-
elle, mais plus redoutable encore est le combat de la vie. Ce n'est
pas ici dans l'enivrant tumulte des armes, au bruit du canon, au
son des fanfares guerrières, que le soldat tombe et meurt, et le
laurier de la gloire humaine ne l'attend pas. « Le héros qui combat
dans la bataille de la vie doit demeurer seul dans la terrible
lutte... Et ses adversaires les plus acharnés ne sont pas ceux du
dehors : il les rencontre en lui-même, dans ses passions, dans ses
douleurs. C'est dans son cœur que se livrent les cruels assauts
qui l'ensanglantent.

« Le combat est fini; le héros, meurtri et blessé, s'en va à son
dernier repos. Il a gagné la bataille, il a vaincu le destin. Il est
tombé inconnu dans une tombe sans nom. Pour glorifier sa
victoire nulle voix ne s'élève, la renommée n'a pas d'écho et la
terre pas de prix.

« Mais les anges radieux planent tout près. Ils ont veillé invisi-
bles sur la lutte d'ici-bas, et ils portent maintenant le vainqueur
sur leurs ailes, à un royaume de paix, à un jour sans nuage;
maintenant est fini pour lui la lutte terrestre. Et son front est
couronné de la couronne de vie [4]. »

Nous n'hésitons pas à mettre ces magnifiques accents auprès de
ceux que fait vibrer Longfellow dans le *Psaume de la vie* :

« Pour chaque génération, la lutte recommence et la grande caravane de la vie poursuit sa route à travers les ossements des pré-

---

[1] Pascal, *Pensées*, IV, vi.

[2] *Longing*.

[3] *To a child*.

[4] *The Battle of life*.

décesseurs, aspirant, elle aussi, comme la caravane du désert, aux sources fraîches, à une Mecque lointaine [1]. »

Désirer, toujours désirer, — ou regretter, — c'est la vie. Et même quand nos vœux sont réalisés, est-ce toujours pour notre bonheur? Mme Botta nous rappelle ici l'exemple de Tarpéia, écrasée sous le poids des bracelets qu'elle avait convoités :

« Ainsi sont nos vains désirs. Ainsi nous soupirons pour quelque bien imaginaire que nous n'avons pu encore atteindre, pour la santé ou la renommée, ou l'amour, et qui une fois gagné, s'étend comme une malédiction sur notre vie entière. Ainsi, dans notre aveuglement, nous demandons du sort les dons qui, une fois accordés, nous écrasent de leur poids [2]. »

Ce n'est pas sous un tel fardeau, nous le savons, que la jeunesse d'Anne Lynch devait se trouver écrasée, et si quelque chose avait pu faire ployer sa vaillante nature, c'étaient bien plutôt les pénibles sollicitudes dont elle était chargée. Nous l'avons vue rester debout forte et souriante. Mais ces poésies nous révèlent ce que ce cœur aimant souffrit de longtemps attendre l'apparition de l'idéal rêvé, l'amour d'un autre cœur [3].

Dans ses tristesses, dans ses déceptions, elle a cependant un refuge : cette mère qu'elle chante avec amour, cette mère, « la seule fleur du passé qui ne se soit pas fanée, la seule étoile de sa jeunesse qui brille toujours! » Ici, elle a trouvé « l'amour profond, sans changements, comme celui pour lequel elle avait soupiré dans ses rêves », et pour celui-là, il n'y a pas de déception !

« Ici, à la fin, mon âme fatiguée se repose; ici, les fibres les plus fortes de mon cœur s'entrelacent; ici, il dépose ses plus chaudes et profondes affections sur l'autel le plus sacré de la terre. O la plus chère des mères, reçois la consécration de la vie que tu as donnée de la tienne !

« Ici, pressée sur ton sein, j'ai vu se briser dans leur impuissante furie les tempêtes qui frappent sur la mer orageuse de la vie. Elles n'avaient pas pour moi les ailes de la terreur, et si je reculais devant leur redoutable rencontre, si je tremblais, ce n'était pas pour moi.

« Je sais que ces vers n'auront que des échos passagers pour lesquels le temps n'a ni place ni nom. Mais plus tard, si, dans un essor plus élevé, je recherche la récompense de la renommée et

---

[1] *Bones in the desert.*
[2] *Wishes.*
[3] *The ideal. — The ideal found. — Image worship. — The image broken.*

que j'en recueille les lauriers toujours verts, je viendrai les enrouler autour de ton nom chéri.

« Oh! ne me quitte pas encore, douce âme; bien que le bien-aimé que nous avons perdu soit parti en avant, que d'un monde meilleur il attende ta venue, et t'appelle du rivage, ces bras sont assez forts pour te retenir; ne me laisse pas, ne me laisse pas encore, je t'en supplie!

« O Dieu! que ce calice passe loin de moi, épargne-m'en la goutte la plus amère; ne détache pas encore ces doux liens qui ont enraciné la vie avec la vie, le cœur avec le cœur. Je ne peux encore porter seule le grand fardeau de la vie, ni en fouler seule le sombre pressoir [1]. »

Un jour vint cependant où le bras de la mort fut plus fort que celui de l'amour pour enlever la mère à la fille, pour briser cette tendre intimité dont Mme Leonowens [2] a tracé de si touchants tableaux. Mme Botta, célèbre par ses travaux, par son salon, par son influence, — parvenue à la pleine maturité de la vie, — et redevenant enfant auprès de sa mère chérie, faisant trêve à ses soucis pour rire avec elle de ces mille riens dont on s'amuse en famille; lui racontant tout ce qui lui arrivait, lui montrant tout ce qu'elle venait de faire, aussi bien l'arrangement d'un chapeau que ses créations littéraires et artistiques; s'agenouillant devant elle tandis que les mains de sa vénérée mère se posaient sur sa chevelure argentée, comme pour bénir la fille bien-aimée qui était sa vie, sa gloire, et dont elle demeurait la conseillère, l'amie.

Quand se déchirent de pareils liens, il semble que la vie elle-même va se briser. La foi reste. Cette foi soutint Mme Botta près du lit de mort de sa mère. Mais la blessure saigna toujours. Long-temps après, écrivant à une amie qui venait d'être frappée du même coup, elle lui disait « la profonde tristesse qui avait toujours rempli son cœur », depuis qu'elle avait perdu celle « que nul, quelque cher qu'il fût, ne pouvait remplacer [3] ». Non, mais il pouvait prendre sa part du fardeau de l'affligée, l'époux qui lui avait apporté ce trésor longtemps rêvé : l'amour, l'amour idéal, qui avait transformé une vie sombre en une vie lumineuse [4]; l'époux que sa poésie a célébré avec une tendresse passionnée, et pour qui, suivant le témoignage qu'il lui a rendu, elle était « amie,

[1] *To my mother.*
[2] Mme Leonowens, *A tribute.*
[3] Febr. 10th (1883).
[4] *Love.*

femme, enfant, mère, tout! » — « Son gouvernail! » a-t-il dit aussi.

Certes, elle dut être plus fière de la renommée de son mari que de la sienne, la femme qui écrivait de l'épouse du poète qu'elle est plus heureuse de la gloire de celui-ci que la poëtesse, « dans son solitaire orgueil », ne l'est de ses propres lauriers [1].

Comme la jeune épouse de la vieille épopée sanscrite, cette femme, si profondément croyante, dit qu'elle ne pourrait être heureuse, même au ciel, sans celui à qui elle avait donné sa vie.

« Inaperçue passerait alors la multitude des anges, je n'entendrais plus les chants sacrés des séraphins, et le ciel lui-même serait sombre pour moi [2]. »

Cet amour si passionné est cependant, chose étrange, supérieur à la jalousie qui trouble les tendresses même les plus délicates et les plus parfaites.

« Ah! non, mon cœur ne connaît pas une vaine jalousie. La rose qui fleurit et ne vit que dans le soleil ne demande pas s'il brille sur d'autres fleurs ou s'il ne brille que sur elle. C'est assez pour moi de demeurer ainsi dans ta lumière, et de partager ainsi le soleil de ton sourire avec toutes les belles choses. Je sais que tu es voué à la Beauté, non à l'Amour; je ne voudrais, ni détourner tes pas d'un autel, ni te retenir par un de mes soupirs.

« Pour moi, je n'ai à laisser errer aucun désir. Bien que j'adore toute chose belle comme toi de grâce extérieure et de noblesse d'âme, — plus heureuse que toi, je les trouve en un seul, et je voudrais n'adorer qu'à cet autel seulement [3]. »

Ne l'accusons pas d'idolâtrie, la noble et tendre femme. Si elle ne voulait adorer le beau et le bien qu'à l'autel conjugal, elle adorait plus haut encore le divin principe du beau et du bien.

« Il y a dans le cœur de la femme, disait-elle, un vide que Dieu seul peut remplir [4]. » Et ce vide n'existe pas pour elle. Elle a la foi, la foi profonde, inébranlable, qui la soutient dans tous les dangers, sur les flots menaçants, sur les routes périlleuses :

« Parce que le bras de mon Père est jeté autour de moi, et si le chemin semble rude, je serre seulement d'une plus forte étreinte la main qui me conduit [5]. »

C'est cette foi qui alimente en elle le noble amour de l'humanité, le fier et chaud patriotisme, l'amour de la liberté. Elle a des accents

---

[1] *The Poet's wife.*
[2] *Hereafter.*
[3] *Jealousy.*
[4] *Teaching the Scriptures.*
[5] *Faith.*

enthousiastes pour célébrer l'indépendance des Etats-Unis et son héros Washington ; d'ardentes paroles pour appeler le jour où la liberté sera rendue à l'Irlande, sa patrie paternelle. Elle chante Kossuth et prédit à la Hongrie une résurrection dont elle sera témoin. Femme d'un Italien qui avait, nous l'avons dit, coopéré à l'unité italienne, elle célèbre aussi le réveil de sa troisième patrie, mais avec des accents d'espérance qui semblent annoncer que cette pièce a été écrite vers le temps où nous pouvions acclamer les vainqueurs de Magenta et de Solferino sans avoir à pleurer sur les vaincus de Mentana et de Castelfidardo ; où nous pouvions saluer la prochaine délivrance des concitoyens de Silvio Pellico sans avoir à gémir sur l'auguste captif du Vatican.

Anne Lynch-Botta n'aimait pas seulement l'humanité dans ses grandes lignes, dans ses grands hommes, mais dans ses plus humbles côtés, dans ses plus imparfaites créatures. Elle nous dit en termes charmants que l'abeille ne se borne pas à prendre le suc de la rose, du lis, de la violette, mais qu'elle demande aux plantes nuisibles même ce qu'elles ont de meilleur. Notre poète nous exhorte à agir de même pour les âmes.

« Et comme l'abeille, si nous rapportons à la maison le butin recueilli dans la ruche de notre cœur, il deviendra nectar [1]. »

Cette doctrine de mansuétude est celle de Jésus, Jésus « l'amour infini, l'amour qui ne peut mourir [2] ». Comment lui rendre cet amour, sinon par le moyen qu'il nous a indiqué en nous léguant les malheureux :

« Disant : Ce que vous faites pour eux, vous le faites pour moi [3]. »

La paix sereine est ce qui domine dans les œuvres de Mᵐᵉ Botta comme dans son caractère. Sa *Vita nuova* traduit bien cette impression :

« Bien que je ne me rappelle aucune parole, aucun regard, aucun accent sur lequel puisse se reposer ma mémoire qui cherche à se souvenir, cependant, comme la terre où croît la rose de Perse, je sens une plus haute vie inspirer mon être, et depuis que de cette plus haute vie j'ai été plus près, je ne sais quel souffle, quel mystérieux effluve, m'élevant au-dessus de toute la vision de la pensée ou des sens, m'entoure comme d'une plus rare atmosphère ; et tandis que je demeure dans ce nouvel élément, le monde de la vie quotidienne me semble plus élevé, j'y marche comme dans le royaume des rêves, en suivant la pensée qui me tient attentive,

---

[1] *Sweetness.*
[2] *Imitation, Legend of the Ivory Christ.*
[3] *Charity.*

comme si un courant qui errait sans but avait entendu à la fin le
murmure de la mer [1]. »

Les Américains placent ce sonnet parmi les meilleures œuvres
de Mme Botta. Ils y joignent les pièces intitulées : *Paul à Athènes,
Livres, Webster, Fontaines desséchées.*

Paul à Athènes commente éloquemment le discours où l'Apôtre
révèle aux Athéniens le *Dieu inconnu* que pressentaient leurs
pères. Dans les *Livres*, le poète salue ces « brillants messagers qui
parlent sans un son », qui « réveillent de leur profond repos les
siècles austères [2] », et nous ouvrent les trésors amassés par le
temps. Qu'il me soit permis de mettre au niveau de cette poésie
la charmante petite pièce : *Dans la bibliothèque.*

« Parle bas, marche doucement à travers ces salles; ici, le
génie vit enchâssé; ici règnent, dans une silencieuse majesté, les
monarques de l'esprit...

« O enfant de la terre, quand, autour de ton chemin, les orages
de la vie se lèvent, et quand tes frères passent près de toi avec
des yeux sévères et durs,

« Ici, les poètes chanteront pour toi leurs chants les plus doux,
les plus élevés, et les prophètes guideront tes pas dans les aima-
bles chemins de la sagesse.

« Viens avec ces rois, les oints du Seigneur, sois leur compagnon
ici, et, dans le puissant royaume de l'esprit, tu deviendras un
pair [3]. »

Cette souveraineté de l'intelligence, Mme Botta se plaît à la proclamer bien haut. Nous en trouvons une preuve nouvelle dans
l'une des poésies que nous venons de désigner : *Webster.*

Le célèbre orateur des États-Unis avait dit un jour à la tribune :
« Quand moi et ceux qui m'entendent, nous serons partis pour
notre dernière demeure et que la moisissure se sera amassée sur
nos mémoires comme sur nos tombes... » Mais Mme Botta lui répond
fièrement :

« La moisissure sur ta mémoire! — Non, tant que résonnera
une seule note des poèmes divins, immortels, chantés par Milton
et Shakespeare. — Non, jusqu'à ce que la nuit des temps ait cou-
vert la langue anglo-saxonne.

« Non, laisse courir le flot du temps et mourir les hommes et
les empires. Le génie, qui trône sur les hauteurs les plus élevées,
peut défier sa course menaçante, et ici-bas réclamer le don de
l'immortalité. »

[1] *Vita nuova.*
[2] *Books.*
[3] *In the library.*

Le poète rappelle Ninive, Balbek : « Elles n'ont eu ni barde, ni orateur, ni homme d'État, et elles sont mortes. » Mais l'Athènes de Démosthène, la Rome de Cicéron, demeurent immortelles.

« Et ainsi ta mémoire vivra. Et ainsi ta renommée retentira. Tant que les âges parcourront leurs cycles solennels, elle fera de cet immense, de ce beau nouveau monde, une terre ancienne, classique...

« Nos plus fiers monuments ne pourront jamais s'élever jusqu'à rencontrer le ciel ; le majestueux Capitole, renversé, peut être couché dans la poussière. Mais l'esprit, planant sur ses ruines, immortel ne peut mourir [1]. »

Nulle part, mieux que dans les *Fontaines desséchées*, ne vibrent la grande âme de Mme Botta, sa foi vaillante, agissante. Nulle part, elle n'a su mieux relever l'âme abattue en lui montrant dans une généreuse activité le remède à ses déceptions, à ses souffrances. Elle prend pour épigraphe ce verset où Jérémie nous fait voir les grands de la Judée envoyant pendant la sécheresse leurs serviteurs aux fontaines pour y puiser de l'eau, et ceux-ci n'en trouvant point et rapportant avec douleur leurs vaisseaux vides :

« Quand le premier accès de la fièvre de l'âme s'est éveillé en toi et que tu t'éloignes comme les enfants de Juda pour étancher ta soif brûlante ;

« Et quand arides et desséchées comme les sources cherchées par cette petite bande, — devant toi, dans leur vide, sont les citernes épuisées de la vie ;

« Quand les fruits mûrs qui te tentent deviennent des cendres à ton goût, et que tes premières visions se fanent et passent, comme le mirage du désert ;

« Quand ta foi s'obscurcit et que ton espoir languit dans l'ombre des années qui s'amassent, et que l'urne que tu portes est vide ou débordante de tes larmes ;

« Parce que ces sources passagères t'ont manqué, et que les fontaines de la jeunesse sont desséchées, veux-tu, parmi les pierres moisissantes, demeurer dans l'abattement ?

« Veux-tu t'asseoir parmi les ruines ?...

« Debout ! et en avant ! vers l'Orient tu trouveras de vertes oasis, des courants qui jaillissent de sources plus hautes que les étangs que tu laisses derrière toi.

« La vie a un sens plus inspirateur que les fantaisies de la jeunesse, elle a des espoirs aussi hauts que les cieux, elle a le travail, elle a la vérité.

[1] Webster.

« Elle a des torts qui doivent être redressés, de nobles actions qui doivent être faites; ses grandes batailles ne sont pas livrées, ses grandes victoires ne sont pas remportées.

« Il s'élève de ses profondeurs troublées, une plainte sourde, incessante; il y a là d'autres cœurs que le tien qui souffrent et se brisent.

« En de membres vigoureux qui devraient être libres, il y a des fers à briser. Il y a des paroles pour relever ceux qui tombent; il y a de la lumière à donner aux aveugles.

« Il y a des âmes broyées et brisées que des pensées électriques peuvent faire tressaillir, des rêves élevés qui peuvent prendre un corps par la puissance d'une forte volonté.

« Il y a Dieu et le vrai au-dessus de toi. Veux-tu languir dans le désespoir? Foule aux pieds tes douleurs. Escalade les murs du ciel par la prière.

« C'est la clef de l'Apôtre, qui d'ici-bas ouvre le ciel; c'est l'échelle du patriarche que les anges montent et descendent [1]. »

Nous avons entendu là de superbes accents, et nous comprenons que les plus illustres poètes d'Amérique aient salué en Mme Botta une sœur.

Elle, dans sa modestie, ne reconnaissait à sa poésie d'autres mérites que d'être vraie. Ils ont été vécus, en effet, ces vers, et je ne saurais leur donner un meilleur commentaire que la vie même du poète. Nous avons vu quelles inspirations elle dut aux tendresses du foyer, au culte de la patrie. Dans toutes les lettres qu'elle m'a adressées, je retrouve aussi les croyances, les sentiments que célèbre sa poésie, cette foi en Dieu, cette foi en l'humanité qui survivent à toutes les déceptions, à toutes les douleurs; cette ardente charité qui se donne à toutes les souffrances, cette paix qui résulte de l'acquiescement à la volonté divine, de la persuasion que les épreuves les plus dures nous ont été envoyées pour notre bien, souvent même ici-bas.

Avec l'inspiration si naturelle de ses vers, avec la forme achevée, le rythme harmonieux qui les caractérisent, Mme Botta aurait pu atteindre les plus hauts sommets de la gloire. Que lui manqua-t-il pour cela? Willis le lui disait dans une lettre : « Je souhaite que de temps en temps vous puissiez tenir le miroir ardent de votre génie assez longtemps pour en faire brûler le foyer. Vous avez le génie, vous n'avez pas le temps de le concentrer.

« — Ecrivez, lui mandait-il une autre fois, au moment de

[1] *Wasted fountains.*

s'embarquer pour l'Europe, « et tenez-vous haut vous-même parmi
les plus hautement doués[1]. »

Trop d'objets sollicitaient cette vaste intelligence, ce grand cœur.

Anne Lynch-Botta n'était pas seulement poète, elle était artiste,
et ses sculptures sont de vraies œuvres d'art. Ce fut l'occupation
dominante des dernières années de sa vie. En 1881, elle m'écrivait : « Je jouis de la pratique de la sculpture plus que de toute
autre occupation, et si je pouvais vivre dans un atelier pour le
reste de mes jours, en me livrant à cet art, je serais contente[2]. »

Elle n'était pas seulement une exquise « reine de salon », elle
était, avant tout, la gardienne du foyer, la ménagère attentive aux
plus humbles détails de la vie domestique; elle était surtout, —
nous allons le redire, — la providence des malheureux, et tout
cela au milieu de la vie à la vapeur qui entraîne dans son tourbillon les habitants de New-York, et dont ses lettres m'apportaient
de vives descriptions.

« De votre côté de l'Atlantique, vous ne pouvez avoir qu'une
faible idée de la vie que nous menons ici. Le climat est extrême-
ment excitant et nous presse de chercher à faire plus que nous ne
devrions. Le chemin de fer élevé qui ceint la ville jette le long de
sa voie, toutes les deux minutes, la foule qui, au-dessous, se pré-
cipite à travers les rues, et tout est en mouvement croissant au
dedans et au dehors. Je pense qu'une des raisons pour lesquelles
les Américains voyagent à l'étranger est de s'assurer un peu de
repos, quelque paradoxal que cela puisse paraître[3]. »

«... Nous qui vivons dans cette Babel de New-York, nous avons
besoin du relâche d'un voyage en mer et du repos dans le vieux
monde pour une saison chaque année. Vous ne pouvez avoir une
idée de la presse dans laquelle nous vivons ici. Un Anglais a dit
dernièrement de nous que nous semblions tous être nés une heure
trop tard et que chacun de nous essayait d'atteindre à cette heure
ou d'y suppléer. Mais nous n'y parvenons jamais[4], » ajoute-t-elle
avec son fin sourire.

«... Notre ville s'étend sous nos yeux d'année en année dans
une étonnante grandeur. Au dehors, tout est tourbillon, presse
et mouvement. Ensuite nos demeures, au lieu d'être, comme les
vôtres en France, sur un étage, sont des constructions séparées
et consistent en quatre ou cinq étages, chaque famille occupant
la maison entière. Ce n'est que très récemment que des appar-

[1] Kate Sanborn, *l. c.*
[2] Oct. 8ᵗʰ (1881).
[3] Nov. 21ᵗʰ (1881).
[4] April 27ᵗʰ (1883).

tements sur le plan français ont été introduits. Nos domestiques sont étrangers, le plus souvent Irlandais, et nos maisons et notre manière de vivre en requièrent deux ou trois au moins. Sortant de la grande misère de leur pays et transportés au sein de l'abondance qu'ils trouvent ici, souvent non dressés et incompétents, ils demandent une constante surveillance. Leurs services étant absolument nécessaires et les institutions républicaines leur donnant les mêmes droits et privilèges, ils deviennent bientôt plus indépendants que ceux qui les emploient et sont ainsi en situation de chercher d'autres maîtres à la plus légère des provocations et des occasions.

« Notre vie sociale est difficile à régler, et nous en venons à connaître beaucoup trop de monde. On peut être un ermite et ne voir personne. Mais voir juste ceux que nous désirons voir est très difficile.

« Beaucoup de nos œuvres de charité sont organisées et poussées par l'effort individuel, et les hôpitaux, les asiles sont souvent dirigés et soutenus par un certain nombre de dames, ce qui implique de la force, du temps et du travail. Alors s'il arrive qu'on ait une nature sympathique qui gravite vers toutes les souffrances par une pente naturelle, les matinées et les jours de pluie, et les autres occasions où nous pourrions espérer d'être seuls, sont bientôt au profit des malheureux. En résumé, cela réclame presque un effort surhumain pour accomplir ce que notre monde nous demande de faire [1]. »

Qui, plus qu'Anne Botta, avait « cette nature sympathique qui gravite vers toutes les misères par une pente naturelle? » Elle était l'*altruisme* même, a-t-on dit, et elle aimait son prochain plus qu'elle-même. Aussi, bien que, dans ses lettres, elle regrettât que ses forces physiques ne fussent pas au niveau de sa tâche, la noble femme demeurait au premier rang des œuvres charitables de New-York, et l'une de ses dignes amies et biographes a pu dire d'elle en toute vérité :

« Sa vie fut admirablement remplie, pleine de bonnes actions, de silencieuses charités, de paroles secourables pour ceux qui, ayant besoin d'une faveur ou d'une autre, se pressaient à sa porte hospitalière. Je lui ai rarement fait une visite matinale sans rencontrer quelque solliciteur [2]. »

Pour ceux qui luttaient, et ce n'était pas seulement dans la carrière des lettres, mais dans toutes les conditions de la vie, elle

[1] 1882 (lettre non datée).
[2] Kate Sanborn, *l. c.*

était un appui ferme, chaleureux. Elle eut certes à souffrir de
l'ingratitude. Mais elle ne regrettait rien de ses bienfaits méconnus
et disait des ingrats : « J'ai alors joui de ce que j'ai pu faire pour
eux, et je me réjouis encore de m'en souvenir. »

— « Anne Botta est la meilleure femme que Dieu ait faite »,
disait son vieil ami Horace Greely au diplomate qui nous rapporte
ces derniers traits [1].

C'est surtout cette bonté qui lui laissa jusqu'à la fin la jeunesse
du cœur et de l'esprit, cette jeunesse qui rayonnait tellement sur
sa personne que lorsqu'elle mourut, — le 23 mars 1891, — âgée
de soixante-seize ans, sa fin sembla prématurée.

Ne regrettons point que Mme Botta n'ait pu se donner tout
entière à la poésie. Ce qui reste de ses œuvres suffit à sa gloire
et elle a eu le bonheur de pouvoir traduire par l'action les généreuses et fortifiantes leçons de ses vers. Chez un peuple voué à la
poursuite des intérêts matériels, elle a créé un sanctuaire de
l'idéal dans ce salon malheureusement fermé par sa mort, mais elle
a suscité des vocations intellectuelles qui lui survivent, et un
écrivain de Boston a pu dire que son nom appartenait à l'histoire
littéraire plus encore par ce qu'elle avait aidé à faire que par ce
qu'elle avait fait elle-même.

Enfin, elle a eu pitié de toutes les souffrances morales et physiques, une pitié aussi active que tendre. Pour les soulager, elle a
fait naître autour d'elle des dévouements généreux. Elle-même est
allée à toutes les douleurs et c'est pourquoi elle a déposé sa lyre
d'or.

Anne Lynch-Botta a choisi la meilleure part. Sans doute il est
beau pour le poète d'exciter par sa parole les semeurs du bien. Il
est plus beau encore de se joindre à eux et de féconder ainsi par
l'exemple aussi bien que par le précepte le patrimoine de l'humanité.

Clarisse BADER

[1] Andrew White, *Recollections*. (*Memoirs*.)

www.ingramcontent.com/pod-product-compliance
Lightning Source LLC
Chambersburg PA
CBHW051353050726
47595CB00006B/2543